La vida silvestre en Centroamérica 2;

25 Mas animales asombrosos que viven en las selvas tropicales y los ríos

Fotografía y Texto de Cyril Brass

Muchas gracias por comprar este libro y al hacerlo:

Recibe una copia gratuita del e-book sobre la clásica aventura de la vida silvestre

"The Jungle Book" (english version)

Visita

www.wildlifearoundtheworld.com

Por favor visite nuestro sitio web www.wildlifearoundtheworld.com para obtener información más detallada sobre la vida silvestre entre otros libros con imágenes impresionantes.

Texto. Todos los derechos reservados: © 2017 Cyril Brass.
Fotografía. Todos los derechos reservados: © 2017 Cyril Brass.
Publicado por: Brass Photography (1702300 Alberta Ltd.)
Dirección del editor: Calgary, Alberta, Canadá.
ISBN# 978-0-9949116-4-3

Imagen de portada: El mono ardilla de espalda roja
Imágenes de la contraportada: El perezoso de dos dedos de Hoffmann y La rana de árbol enmascarada

La vida silvestre en Centroamérica 2;

25 Mas animales asombrosos que viven en las selvas tropicales y los ríos

Fotografía y Texto de Cyril Brass

Tabla de contenido

Introducción

Bienvenido a La vida silvestre en Centroamérica 2; 25 Mas animales asombrosos que viven en las selvas tropicales y los ríos parte de la Serie Wildlife Around the World.

Este segundo libro presenta la vida silvestre más increible que vive en Centroamérica. A través de un texto fácil de leer e imágenes llamativas, los lectores curiosos identificarán y aprenderán cerca de 25 especies de vida silvestre en las selvas tropicales y los ríos de Centroamérica.

El número de especies silvestres en Centroamérica es tan extenso que no podemos proporcionar imágenes e información sobre cada una en este libro. Este libro incluye una representación de los miles de increíbles animales que viven en y alrededor de las selvas tropicales y los rios de Centroamérica.

Cada página es atractiva e incluye impresionantes fotos a color y texto descriptivo, proporcionando una emocionante mirada a la amplia variedad de criaturas fascinantes e inusuales; desde las grandes guacamayas verdes en peligro de extinción que descansan en lo alto de las copas de los árboles a los pecaríes de collar en el suelo del bosque; hasta las tortugas de río negro que nadan en los ríos y corrientes a los momotos de corona azul que se sientan en las ramas de los árboles.

Estas páginas llenas de diversión proporcionan hechos e imágenes sobre cada uno de los 25 animales incluidos en este libro; cómo son, el hábitat en que viven, lo que comen, cómo los padres cuidan de sus crías, cómo se defienden de la naturaleza, y muchos otros detalles interesantes.

Cada vez serán más los lectores que entenderán y apreciarán el precioso mundo que nos rodea mediante la exploración y el aprendizaje sobre las muchas increíbles criaturas salvajes que viven en las diferentes regiones del mundo. Este libro atraerá la atención de los entusiastas de la vida silvestre y los amantes de los animales de todas las edades.

Acerca de Centroamérica

Centroamérica es la región geográfica meridional en el continente norteamericano.

Los siete países que conforman Centroamérica son: Belice, Guatemala, El Salvador, Honduras, Nicaragua, Costa Rica y Panamá.

El tamaño que ocupa Centroamérica es 523,780 kilómetros cuadrados (202,230 millas cuadradas), que representa el 0.1% de la superficie de la Tierra.

La formación de las tierras de Centroamérica conecta con México en Norteamérica y con Colombia en Sudamérica.

Hay cuerpos de agua en ambos lados de Centroamérica; El Océano Pacífico está en el lado oeste y el Mar Caribe está en el lado este.

Centroamérica es una de las regiones más bio-diversas del planeta que ofrece una amplia variedad de hábitat naturales y de ecosistemas. La zona ofrece espacio y alimento para un número abundante de especies de la vida silvestre en esta pequeña región geográfica.

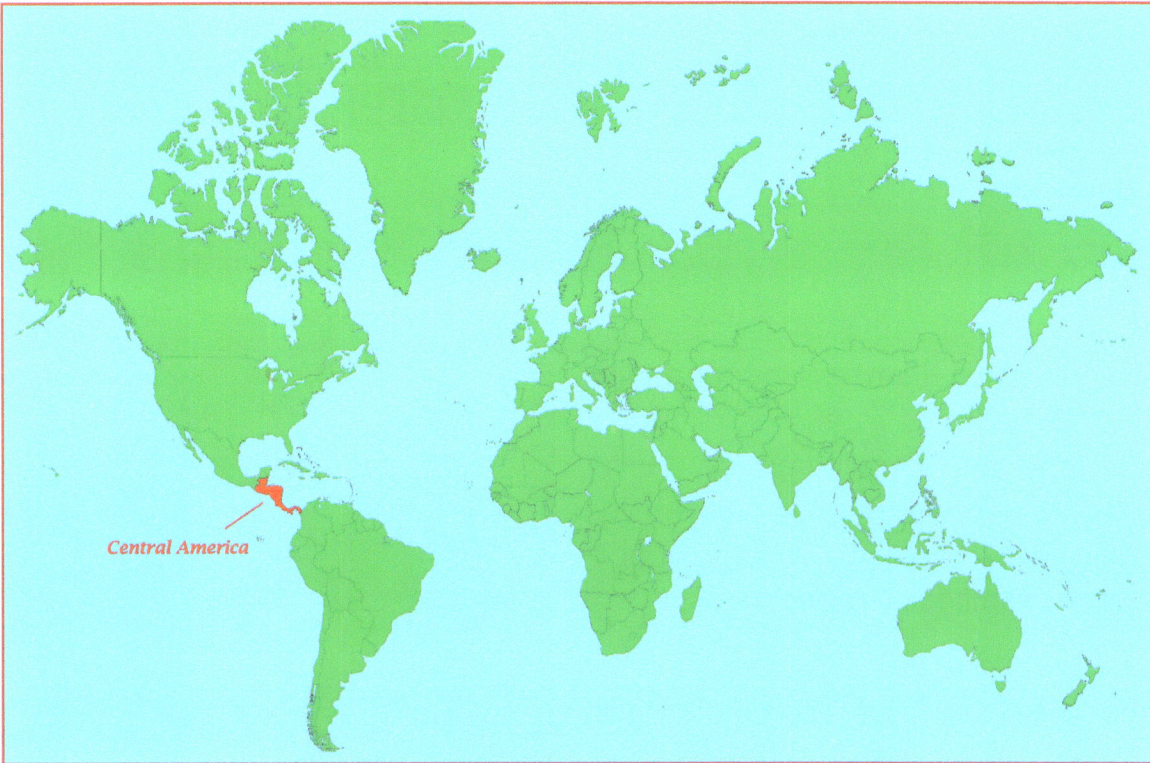

Central America

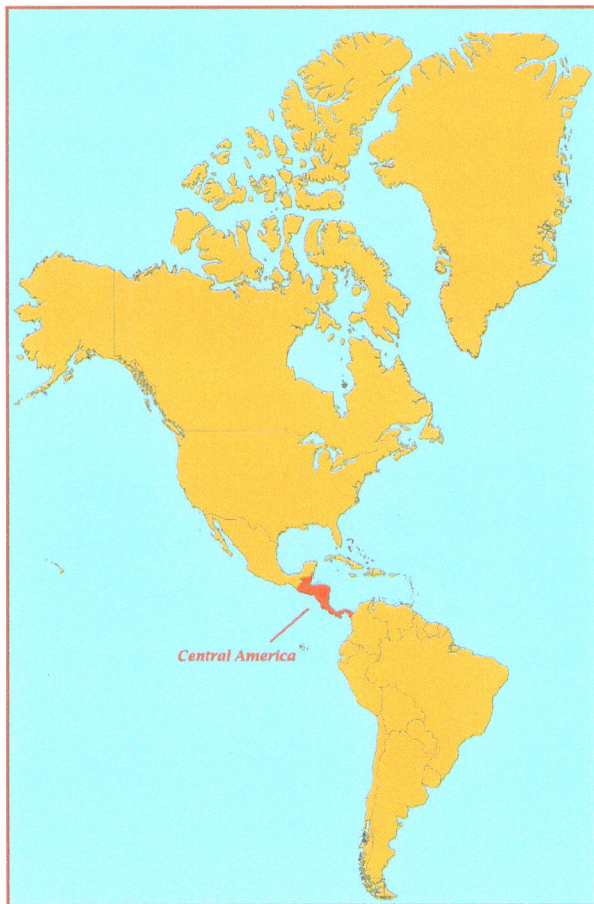

Central America

El mono ardilla de espalda roja

(Saimiri Oerstedii)

El mono ardilla de espalda roja también llamado mono ardilla centroamericano es el más pequeño y raro en Centroamérica. Este colorido primate es una criatura muy inteligente y social que vive en grupos grandes llamados "tropas".

Es una criatura arbórea diurna que pasa casi toda su vida en los árboles, observando todo lo que está sucediendo alrededor de él en los árboles o abajo en la tierra. Esta especie de mono es el único mono centroamericano sin una cola prensil. Su cola larga le proporciona equilibrio cuando viaja a través de las copas de los árboles, pero no los utiliza para sujetarse de las ramas como apoyo.

Esta criatura activa y curiosa se mueve de forma rápida y ruidosa a través del bosque saltando de rama en rama verificando cada rincón, rama y hoja en busca de comida. Al ser un omnívoro, come una variedad de alimentos como flores, hojas, brotes, nueces, insectos, lagartijas y huevos.

El mono ardilla de espalda roja está en peligro de extinción debido a la pérdida de su hábitat, el uso de pesticidas y el comercio ilegal de mascotas.

MAMÍFEROS

El pecarí de collar

(Tayassu Tajacu)

El pecarí de collar tiene la apariencia de un cerdo, pero tiene su propia clasificación. Su capa gruesa es una mezcla de colores negros y blancos. Tiene un collar blanco que corre alrededor de los hombros y el cuello por lo que explica su nombre.

Esta criatura malolienta es a veces conocida como "cerdo musk" debido al olor que emite de las glándulas cerca de sus ojos y en su grupa. Se puede percibir un fuerte olor almizclado en el aire a lo largo del bosque donde ha pasado la manada recientemente.

El pecarí de collar tiene una nariz muy sensible que le permite encontrar y cavar los alimentos debajo del suelo. Su presencia en la selva también es evidente por el suelo perturbado donde ha escarbado raíces, tubérculos, invertebrados y pequeños vertebrados.

Esta especie tiene una estrecha relación social viviendo en manadas jerárquicas. Debido a su buena audición, pero pobre visión confía en las vocalizaciones de cada uno para comunicarse. Vive en las madrigueras excavadas bajo las raíces de los árboles o troncos, así como en las cuevas.

El pecarí de collar es considerado como un destructor de semillas en lugar de un dispersor de semillas. Este animal mastica las semillas con sus molares, destruyendo la posibilidad de que las semillas germinen en el bosque.

El perezoso de dos dedos de Hoffmann

(Choloepus Hoffmanni)

El perezoso de dos dedos de Hoffman es un animal arbóreo solitario, no territorial, que vive en bosques tropicales húmedos de las tierras bajas.

La característica más prominente que hace al perezoso diferente al perezoso de tres dedos es el número de dedos en sus extremidades delanteros. El perezoso de dos dedos tiene dos dedos que funcionan como garras afiladas y el perezo de tres dedos tiene tres dedos que funcionan como garra. Sin embargo, cada especie tiene tres dedos en el pie.

Esta especie es principalmente una criatura nocturna. Después de un día de dormir y pasar el rato en los árboles, comienza a moverse en busca de comida a lo largo de la oscuridad de la noche. Principalmente un herbívoro, el perezoso de dos dedos tiene una dieta más variada. Come hojas, ramitas, brotes y frutas, pero a veces pequeños roedores e insectos.

Su excelente camuflaje y lentos movimientos en los árboles le ayudan a ocultarse de los depredadores como las águilas arpías, anacondas, jaguares, ocelotes y humanos. Sin embargo, si es atacado por un depredador, el perezoso de dos dedos de Hoffman se defenderá mordiendo con sus grandes dientes caninos, similar a los animales carnívoros o balanceando sus brazos con sus garras.

El murciélago probóscide

(Rhynchonycteris Naso)

El murciélago probóscide es una de las especies de murciélagos más pequeñas de Centroamérica que crece hasta 6 centímetros (2,4 pulgadas). Se le identifica por su larga y carnosa nariz puntiaguda, las dos líneas blancas onduladas y rotas a través de la piel grisácea a lo largo de la espalda y la piel de color pálido a lo largo de los antebrazos.

El murciélago probóscide como todas las otras especies de murciélagos, nace con la capacidad de volar, pero al nacer, sus alas son demasiado pequeñas para tomar vuelo. Es el único mamífero naturalmente capaz de volar.

Pequeños grupos de murciélagos probóscide se acurrucan cerca de las fuentes de agua en las tierras bajas tropicales. Este murciélago nocturno puede ser visto durmiendo durante el día en los troncos de los árboles en una forma inusual, colgando boca abajo alineada en una nariz recta a la cola.

La alimentación comienza cuando el sol comienza a ponerse. Este insectívoro volante viaja cerca de la superficie del agua donde se desplaza y se sumerge a través del aire capturando insectos que emergen de su fase larva acuática de desarrollo. Se orienta a sí mismo a través de la oscuridad de la noche utilizando sonidos de eco que rebotan de sus gritos ultrasónicos.

MAMÍFEROS

El tamandúa del Norte

(Tamandua Mexicana)

El tamandúa del Norte, también conocido como oso malero, u oso hormiguero amazónico, está bajo la clasificación de perezosos y armadillos. El nombre tamandúa proviene de las palabras indígenas tupíes; "Taa", que significa hormiga y "Mandeu", que significa trampa – "anttrap".

Los tamandúas no tienen absolutamente ningún diente. Su boca especialmente adaptada sólo puede abrirse poco lo suficiente para resaltar su larga lengua con diminutas púas pegajosas diseñadas para capturar pequeñas presas. Su lengua puede medir hasta 40 centímetros (15,75 pulgadas).

Siendo un animal nocturno solitario, el temandúa del Norte tiene un chaleco negro sobre el pelaje oro o de bronce que se mezcla con el entorno. Mientras recorre la selva, navega fácilmente entre las ramas utilizando sus garras enormes y una cola prensil. Es sobre todo un animal arborícola, pero se puede ver buscando comida en la tierra.

Este animal busca insectos sabrosos en los nidos de los árboles, en los troncos caídos y en montículos de isópteros en el suelo. El oso hormiguero desgarra los escondites, exponiendo las colonias de interminables hormigas o isópteros que corren, los cuales lame rápidamente con su lengua pegajosa.

La rana venenosa de dardo de verde y negra

(Dendrobates Auratus)

La **rana venenosa de dardo de verde y negra** es la especie más grande de rana de flecha de dardo venenosa que crece hasta 4.0 centímetros (1.58 pulgadas). Este anfibio semi-arbóreo no territorial es más activo en la mañana y en la tarde buscando comida entre las hojas del suelo, los troncos caídos, así como en los árboles y los arbustos.

Con su patrón aleatorio de parches verdes y negros, esta brillante coloración envía una señal de advertencia a cualquier depredador para que se mantenga alejado, ya que posee glándulas venenosas en la piel que emiten secreciones tóxicas potencialmente paralizando o matando al depredador. La sustancia tóxica viene de los alimentos que come, en particular, de la cantidad de hormigas que consume cada día.

A pesar de que esta rana habita cerca de los arroyos o charcos de hábitats acuáticas del trópico, es un nadador pobre al no tener ninguna tela entre los dedos de las patas. En su lugar, las almohadillas pegajosas en el extremo de sus dedos del pie le proporcionan la succión para que la rana suba a las

rocas y los troncos de los árboles.

Estas ranas son padres excelentes. Después de que una hembra pone sus seis o más huevos en un charco de agua poco profundas, su compañero los revisa con frecuencia manteniéndolos húmedos durante las dos semanas que tarda en nacer.

Uno a uno, cada renacuajo sube a la espalda de su padre y los lleva a una fuente de agua más grande donde continurán su transformación a ranas adultas.

AMFIBIOS

La rana de árbol enmascarada

(Smilisca Phaeota)

A la rana de árbol enmascarada se le identifica por sus marcas negras que aparecen desde la punta de la nariz a través de los ojos y el tímpano de su cara. Esta máscara negra de tipo "Zorro" realza el camuflaje de la rana, ocultando la forma de sus ojos, el cual los depredadores se basan para detectar su presa.

La rana de árbol enmascarda nocturna vive en hábitats húmedos de las tierras bajas de la selva tropical. Este anfibio no venenoso debe confiar en su camuflaje dentro de los árboles y la vegetación para protegerse de los depredadores. Tiene la capacidad de cambiar su color que varía de claro obscuro a verde olivo adaptándose a su entorno.

Esta rana está bien adaptada para la vida en los árboles con sus largas piernas y grandes almohadillas pegajosas. Con una excelente capacidad de saltar, la rana arbórea enmascarada es capaz de escapar rápidamente de los peligros potenciales que se le aproximan.

La rana hembra de árbol enmascarada puede poner hasta 2,000 huevos en un embrague cercana a una fuente de agua. Los huevos flotan en el agua hasta desprenderse en un día. Los renacuajos permanecen en el mismo cuerpo de agua hasta completar su metamorfosis final.

El sapo gigante

(Bufo Marinus)

El sapo gigante también es conocido como el sapo de caña, el sapo neotropical gigante o el sapo marino. Este sapo terrestre nocturno es difícil de confundir con otros sobre todo debido a su enorme tamaño. Durante el día, se encuentra escondido bajo rocas y troncos y sale por la noche para comer.

Otro rasgo distintivo es el par de glándulas grandes venenosas de forma triangular en los lados del cuello. Las glándulas de un adulto contienen suficiente toxina para matar animales grandes. El sapo gigante también tiene crestas óseas por encima de los ojos a lo largo de la parte superior de la cabeza y verrugas dispersas por toda la piel.

Su color de cuerpo es marrón, gris a verde olivo, con manchas marrones y un blanco sucio en la parte inferior.

El sapo gigante no es territorial, permitiéndole fácilmente adaptarse a una variedad de hábitats. No depende de una o dos fuentes de alimento. Con una dieta diversa y un enorme apetito, este depredador comerá casi cualquier cosa incluyendo insectos, arañas, avispas ponzoñozas, milpiés tóxicos y otros pequeños vertebrados como ratones, lagartos y otras especies de ranas. Incluso, comerá fruta y materia vegetal si es necesario.

AMFIBIOS

La rana venenosa de dardo Golfodulcean

(Phyllobates Vittatus)

La rana venenosa de dardo Golfodulcean es una rana brillante de color negro-oscuro con un par de rayas anaranjadas de la cabeza a lo largo de la espalda. Sus extremidades son de un color turquesa salpicado con manchas negras. Los lados del cuerpo tienen un patrón de jaspeado azul o verde.

Tiene toxinas altamente potentes en su piel. La toxicidad puede distinguirse por cualquier depredador debido a su cuerpo multicolor. Se cree que estas toxinas provienen de los insectos que come. Los insectos adquieren el veneno de las plantas que consumen.

Este anfibio terrestre es más activo al amanecer y al anochecer, pero rara vez es visto, ya que se queda en sus escondites cerca de troncos caídos, lugares rocosos o con densa vegetación en áreas sombreadas del bosque. Se desplaza con saltos rápidos.

La rana venenosa de dardo Golfodulcean es endémica a Costa Rica, habita los bosques húmedos y las tierras bajas de la región al sudoeste del país. Está catalogado como una especie en peligro de extinción debido a la disminución de su hábitat y la contaminación del agua.

El cocodrilo americano

(Cebus Capucinus)

El cocodrilo americano relacionada con los caimanes y los cocodrilos, varía en color de un gris parduzco, olivo oscuro a verde grisáceo con bandas de color oscuro en la espalda y la cola.

Se puede ver tomando el sol inmóvil sobre las barras de arena, las costas y las orillas de los ríos. Este reptil de sangre fría requiere el calor del sol para calentar su cuerpo. Sin embargo, cuando la temperatura del cuerpo aumenta demasiado, sumergirá su cuerpo bajo el agua o si permanece en la tierra, abrirá su enorme boca para enfriarse.

Este carnívoro de aspecto prehistórico debe inclinar la cabeza hacia arriba para tragarse a su presa, ya que es incapaz de tragar con su cabeza en una posición horizontal. Se alimenta de una variedad de animales acuáticos; cangrejos, ranas, peces, pajaros acuáticas y pequeños y medianos mamíferos que se acercan al borde del agua.

El cocodrilo americano vive en hábitats salados, de agua dulce o cerca de pantanos, estuarios de manglares, lagunas, humedales y ríos. Este reptil masivo es un nadador excelente que utiliza su cola potente para propulsarse a través del agua. Es capaz de permanecer sumergido bajo el agua durante más de una hora.

El basilisco marrón

(Basiliscus Basiliscus)

El basilisco marrón es conocido por su capacidad de correr a través del agua en posición vertical sobre sus patas traseras y por lo tanto también se le conoce comúnmente como lagarto Jesucristo. Esta habilidad de correr rápidamente sobre la superficie del agua se debe a sus grandes patas traseras con largos dedos que cubren una gran área de agua. También se le conoce por otros nombres como basilisco rayado y basilisco común.

Este lagarto es en su mayoría marrón, con rayas ligeras y oscuras en el cuerpo; franjas oscuras en los flancos y cresta dorsal y franjas más claras que se extienden desde los ojos hasta las patas traseras. Tiene una cresta triangular en la cabeza con una cresta más pequeña a lo largo de la parte posterior y la cola.

La coloración marrón con marcas únicas proporciona un camuflaje excelente mientras que se reclina sobre las ramas que cuelgan o en árboles caídos. Este basilisco permanecerá inmóvil durante largos periodos y, por lo tanto, es difícil de detectar.

Siendo un reptil arbóreo y terrestre, puede moverse rápidamente en el suelo del bosque y subir fácilmente sobre la vegetación y las ramas. Este lagarto omnívoro es activo durante el día, busca hojas, flores y fruta o caza invertebrados o pequeños vertebrados. Por la noche, el basilisco marrón duerme en las hojas y las ramas cerca del agua para escapar rápidamente sí es amenazado o atacado

La ctenosaura

(Ctenosaura Similis)

La ctenosaura también conocida como iguana negra o iguana de cola espinosa, es pariente cercana de la iguana verde. Se trata de un reptil altamente adaptable capaz de vivir en una variedad de hábitats con el requisito principal de tener sol caliente dentro del hábitat.

Esta especie de iguana es de color más oscuro y carece de espinas y la cresta de la cabeza de una iguana. Posee una cabeza masiva con una pequeña papada y cresta dorsal. Su cuerpo robusto tiene bandas oscuras cerca de la parte posterior del cuerpo, miembros musculares y garras afiladas. Su cola larga y gruesa está cubierta con pequeñas espinas afiladas.

El macho realiza un movimiento de cabeza como señal de advertencia para aquellos depredadores que se le acercarcan para mantenerlos alejados. Esta acción también se utiliza para atraer a las posibles hembras.

Este lagarto semi-arbóreo pasa la mayor parte del día buscando comida o tomando el sol. Se puede ver estirado en lo alto de las copas de los árboles, aferrándose a las ramas de baja vegetación, descansando inmóvil sobre los árboles caídos y grandes rocas o caminando por los senderos del bosque y las playas arenosas.

La ctenosaura es predominantemente un herbívoro que come hojas, flores y frutos caídos, pero también es una criatura oportunista que come insectos, arañas, cangrejos, pequeños lagartos y pájaros.

La tortuga de río negro

(Rhinoclemmys Funerea)

La tortuga de río negro es una tortuga semi-acuática terrestre que vive en bosques tropicales húmedos cerca de pantanos de agua dulce, estanques o ríos con flujo lento. También se le conoce como la tortuga de madera negra.

El caparazón de esta tortuga tiene es lisa con una forma de domo. Las extremidades están cubiertas con manchas amarillas en sus piernas, cuello y cabeza. La extensa cincha en los dedos de las patas y los dedos le permite ser un nadador eficiente.

Se pasa gran parte del día en troncos parcialmente sumergidos, bancos de arena o espesa vegetación cerca del borde del agua. Este reptil se asusta fácilmente por cualquier peligro que se le acerca. Rápidamente se sumerge en el agua donde puede permanecer sumergido durante varios minutos antes de salir a la superficie en un lugar distinto.

La tortuga de río negro se aventura en la tierra por la noche para buscar hierbas, hojas y fruta para comer. Además, la hembra pone hasta cuatro huevos en el suelo cubiertos con hojas y otras plantas.

REPTILES

La ameiva delicada

(Ameiva Leptophrys)

La ameiva delicada también conocida como "whiptail" delicada es identificado por las líneas marrón zig-zag oscuros por cada lado del cuerpo y por la larga cola de látigo que generalmente es el doble de su cuerpo.

Este lagarto terrestre es sobre todo marrón o cobre-marrón en color con un vientre blanco azulado y una cabeza estrecha y puntiaguda.

Este lagarto altamente alerta y activa se desplaza a través de las hojas caídas y las plantas. Busca alimentos por todo el suelo picoteando su nariz entre las hojas y varas y rocas. Su dieta se basa principalmente de insectos y otros artrópodos pequeños.

La ameiva delicada también puede ser vista en una playa buscando pequeños anfípodos crustáceos y criaturas marinas saladas. Posee una glándula salina nasal para extraer el exceso de sal que ha ingerido.

Este reptil tropical vive en hábitats soleadas abiertas y puede ser visto con frecuencia a lo largo de los senderos del bosque, en caminos y cerca de las playas arenosas. Pasa su día explorando el suelo para comer o permanecer inmóvil tomando el sol sobre rocas o troncos caídos.

El gran guacamayo verde

(Ara Ambigua)

El gran guacamayo verde es un loro grande de colores brillantes con intenso plumaje verde en el cuerpo, la cabeza y un plumaje rojo en la frente, alas azules y plumas rojas en la cola. Su gran pico negro está bien adaptado para romper nueces duras del almendro.

Este pájaro colorido es generalmente vocal al volar y silencioso al estar en una rama o mientras come. Tiene un movimiento de vuelo constante en el aire. Esta especie de pájaro rara vez se unen en grandes bandadas. Por lo contrario, se le puede ver en parejas con su pareja de por vida.

Habitando los bordes del bosque de la selva tropical, este guacamayo es un especialista de su hábitat, es un loro extremadamente selectivo que depende casi enteramente de una sola especie de árbol, el árbol de almendra salvaje. Este árbol provee la mayor parte de sus recursos alimenticios y necesidades de anidación.

El gran guacamayo verde es un pájaro altamente en peligro de extinción.

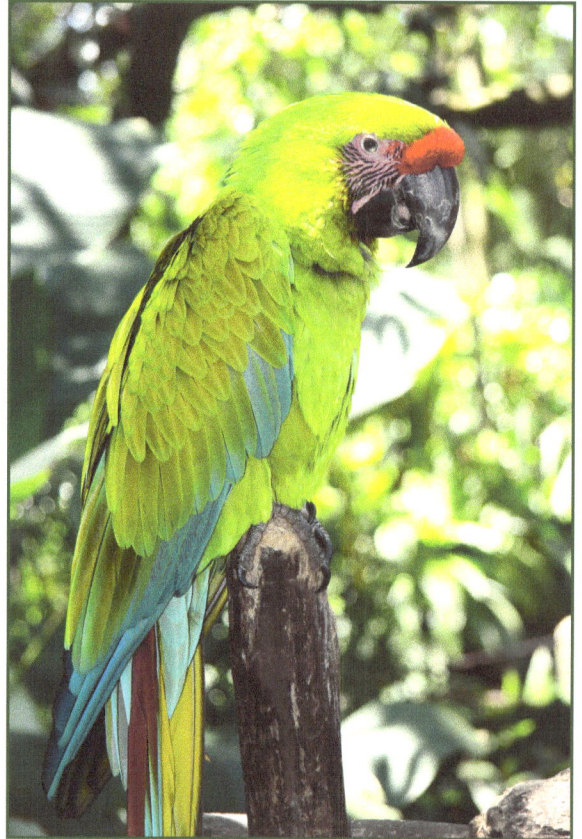

Su vida y supervivencia dependen fundamentalmente de la existencia continua del almendro silvestre. Su población también ha disminuido a través de la caza ilegal y el comercio de mascotas. Es un animal valioso para la selva tropical, ya que ayuda a reconstruir el bosque, siendo un dispersor de semillas.

El momoto de corona azul

(Momotus Momota)

El **momoto de corona azul**, el cual está asociado a las especies de alceldinos y abejarucos, es un ave de tamaño mediano con plumaje colorido brillante. Tanto el macho como la hembra se ven iguales con el azul en la cabeza, una máscara facial negra con bordes azules, una garganta verde azulada, un pico curvado hacia abajo con bordes serrados, un vientre de color verde a amarillo-naranja-olivo y el pecho con una pequeña mancha oscura y una larga cola azul.

La larga raqueta de tenis con punta de cola habitualmente se balancea como un péndulo de lado a lado mientras se para en silencio sobre una rama en los arboles.

El nido de esta especie de pájaro se encuentra al final de una larga madriguera que se cava en un terraplén de tierra a lo largo de arroyos, ríos, bordes de caminos o laderas empinadas. La madriguera puede estar a varios metros de la entrada. La hembra pone hasta 4 huevos en un embrague. Ambos padres incuban los huevos y cuidan de su descendencia.

El momoto de corona azul es un depredador que se para y espera en silencio durante largos períodos de tiempo, observando pequeños lagartos, serpientes, insectos e invertebrados. Después de capturar su presa, el momoto regresa a una perca para comer lo que ha capturado. Por cierto, también come frutas y semillas.

La gran garceta

(Ardea Alba)

La gran garceta, también conocida como garza común o gran garza blanca es la más grande de las especies de garzas blancas. A diferencia de otras especies de garzas que cambian de toda su vida, la gran garceta tiene un plumaje blanco puro durante toda su vida.

Tiene un cuello largo en forma de "S" distintivo, un pico amarillo-naranja, y largas patas negras. Estas largas patas le permiten cazar en aguas más profundas donde otras pajaros acuáticas quizá no podrían.

Esta garza atrapa su presa vadeando lentamente a través de los humedales o de pie inmóvil en el agua durante largos períodos de espera para poder atrapar a su presa con su largo cuello y filoso pico. Esta ave es un carnívoro que come principalmente peces y cangrejos.

Vive en los humedales en lugares de agua dulce y salada cerca de ríos, arroyos, pantanos, lagunas y estuarios. La gran garceta coloca su nido en los árboles cerca de las fuentes de agua y se reúne en grupos conocidos como colonias, el cual puede incluir otras especies de garzas.

La gran garceta es un pájaro monógamo, con ambos padres incubando de tres a cuatro huevos hasta verlos crecer.

La garza nocturna con corona amarilla

(Nyctanassa Violacea)

La garza nocturna con corona amarilla es un pájaro acuática de tamaño pequeño a mediano, cuyos hábitats se encuentran dentro de manglares, lagunas o dentro de arroyos, ríos y estuarios de tierras bajas de agua dulce.

Tanto el macho como la hembra parecen tener una cabeza negra con un parche blanco grande en cada mejilla, una corona amarilla cremosa y plumas en la cabeza, un pico corto, ojos anaranjados, un cuello corto, un cuerpo gris púrpura y patas amarillas cortas.

Esta garza nocturna se alimenta por la noche acechando lentamente a su presa o esperando inmóvil al borde del agua para emboscar a sus víctimas como los crustáceos, moluscos, ranas, caracoles, cangrejos, insectos acuáticos y peces pequeños. Es un cazador solitario con una postura inclinada hacia adelante, listo para atacar en una fracción de segundo.

También se le puede ver durante el día en búsca de alimentos cuando los niveles de agua de las mareas han retrocedido haciéndolo un área de alimentos ideal.

La garza nocturna con corona amarilla a menudo anida en pequeñas colonias a lo largo de pantanos y pantanos. El nido esta compuesta de una plataforma de palos en árboles o arbustos que sobresalen del agua.

PÁJAROS

La mariposa con largas alas de tigre

(Heliconius Hecale)

La mariposa con largas alas de tigre tiene grandes alas frontales anchas con puntas redondeadas. Varía en color y tiene patrones de naranja, amarillo y negro. Otros nombres de esta mariposa son hecale de alas largas, helicon dorado, ala dorada, tigre hecale y mariposa de la flor de la pasión.

Los colores brillantes de esta especie de mariposa son una señal de advertencia para las pajaros de que es venenoso y contiene toxinas que enfermerán a los depredadores si se lo comen. El veneno de cianuro es fabricado por la oruga al devorar las hojas de la flor de la pasión. Esta mariposa se basa en esta planta específica para proporcionar esa sustancia tóxica para defenderse de sus depredadores.

Tiene un patrón de vuelo flotante delicado especialmente al cernirse sobre una flor.

A diferencia de otras mariposas, la hembra heliconius se alimenta de polen y néctar.

La mariposa con largas alas de tigre es muy común y se ve fácilmente en distintos hábitats tropicales. Vive hasta nueve meses, mucho más que la mayoría de las especies de mariposas que vive sólo unos días o semanas.

INSECTOS

La mariposa malaquita

(Siproeta Stelenes)

La mariposa malaquita debe su nombre a las brillantes alas de color verde que se asemejan al color mineral malaquita. Vive en los bosques de hoja perenne subtropical o selvas semi-deciduas.

El lado superior del ala está coloreado con verdes brillantes o verde-amarillento y negro. La parte inferior del ala tiene las mismas marcas negras, pero se destaca por su coloración naranja-marrón y verde olivo translúcido.

La boca de una mariposa malaquita es una probóscide que se ve y se utiliza como popote. Se alimenta principalmente del néctar de las flores o de los jugos de la fruta podrida.

Iniciando como una oruga negra espinosa con marcas rojas de color y cuernos prominentes en su cabeza, es un comedor agresivo que crece rápidamente, transformándose en una crisálida verde lima cubierta con manchas rosadas y finalmente evolucionando en una mariposa imponente verde y negra.

La mariposa malaquita, como todas las mariposas, es de sangre fría incapaz de regular su propia temperatura corporal. Si hace demasiado frío, no puede volar ni comer. Es por eso que a menudo se ve tomando el sol con sus alas abiertas permitiendo que las venas de las alas absorben el calor y lo lleven al resto del cuerpo.

La cigarra de ocaso

(Fidicina sp.)

La cigarra de ocaso se puede encontrar en selvas tropicales y bosques secos. Es conocido por su llamada de sirena interminable. Como la mayoría, se le puede escuchar en la tarde en las selvas tropicales, pero se le puede escuchar a lo largo del día en los bosques secos. Zzzzzzzzzzzzzzzeeeeeeeeeeeeee!

Se trata de una especie de cigarra grande con grandes ojos abultados y un par de largas y transparentes alas venosas. Puede alcanzar un tamaño de hasta 4 centímetros (1.6 pulgadas).

La hembra pone una masa de huevos blancos en las hojas. Cuando los huevos eclosionan, las ninfas caen al suelo y se clavan en el suelo para alimentarse de los jugos de las raíces de las plantas y los árboles. La mayor parte de su vida se la pasa bajo tierra. Cuando crece completamente, la ninfa se abre camino a la superficie del suelo del bosque.

Durante la oscuridad de la noche, la cigarra emergerá de su exoesqueleto y tomará una nueva forma de insecto con alas.

Por encima del suelo, la cigarra de ocaso vive por sólo unas pocas semanas o meses. Durante este corto período de tiempo, la hembra y el macho se aparearán, la hembra colocará sus huevos y ambos morirán poco después.

El katydid con cabeza de cono

(Copiphora Rhinoceros)

Al katydid con cabeza de cono también se le conoce como rinoceronte spearbearer, es un insecto tipo saltamontes con forma de cono con una lanza distintiva extendiendo desde su frente desde la base de sus antenas. También difiere de un saltamontes por tener una antena extremadamente larga que es de dos a tres veces la longitud de su cuerpo. La hembra tiene un largo ovipositor.

Su aspecto vegetal le permite mezclarse con la vegetación circundante. Su mimetismo de forma y color a las hojas la protege de los posibles depredadores. El katydid con cabeza de cono es un pobre volador, pero puede saltar rápidamente para escapar del peligro.

Vive en hábitats con muchas plantas en bosques neotropicales de baja elevación y bosques de segundo crecimiento. Esta criatura nocturna solitaria no social pasará la mayor parte de su vida en las plantas que consumirá. Se alimentará de hojas, tallos, flores y semillas frutales.

A diferencia de la mayoría de los katydids que son herbívoros, esta especie omnívora es un depredador activo que ataca a los caracoles y a otras especies de katydid con una mordedura potente usando su gran mandíbula.

Para atraer a las hembras, el macho katydid con cabeza de cono hace chirridos altos y agudos mientras su cuerpo tiembla vibrando las plantas circundantes. Las alas delanteras tienen estructuras especiales que se pueden frotar para crear sonidos.

La araña de seda de oro

(Nephila Clavipes)

La araña de seda de oro no debe su nombre a su color amarillo, verde y negro brillante con manchas amarillas. Todo lo contrario, su nombre se deriva de la seda amarilla que la hembra utiliza para tejer su tela. Los rayos brillantes del sol iluminan estas fibras amarillas en una esfera reflexiva de oro. Otros nombres de este arácnido son seda dorada, araña gigante de madera, y araña del plátano.

Este hábil arquitecto caza y construye una compleja red de cuerdas de seda, la tela más grande y fuerte de todos los arácnidos. La seda utilizada para girar sus orbes cilíndricos posee una fuerza increíble que permite a la araña construir una barricada segura de protección, así como una trampa eficaz para los insectos.

Viendo hacia abajo, la hembra se posiciona en el centro esperando pacientemente que algo sabroso aterrice o vuele en su laberinto pegajoso. Una vez que la presa sea capturada se enreda en la red, la hembra muerde e inyecta su veneno

mortal a la víctima. Si la víctima es lo suficientemente grande, lo envolverá con seda antes de comerla.

Hay una gran diferencia en tamaño entre la hembra y el macho araña de seda de oro. El macho es opaco marrón rojizo y es tres a cuatro veces más pequeño que la hembra. El macho pequeño pasa a menudo desapercibido en la tela ante cualquier depredador hambriento y a veces incluso a la hembra.

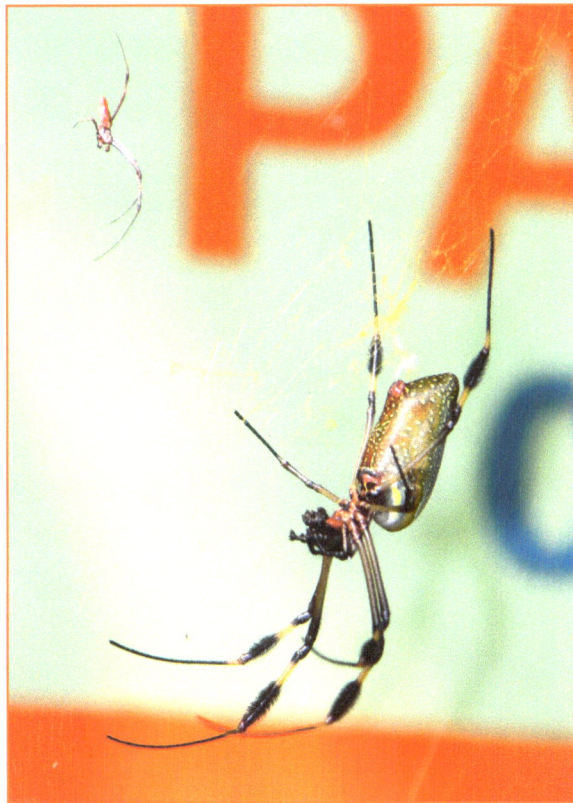

ARÁCNIDOS

El cangrejo naranja sin boca

(Gecarcinus Quadratus)

El cangrejo naranja sin boca es un colorido cangrejo de tierra con un brillante cuerpo y patas color rojo anaranjado, un caparazón negro y un par de grandes pinzas frontales color púrpura. También se le conoce como cangrejo de la luna, cangrejo sin boca, cangrejo de tierra harlequin, cangrejo de Halloween y cangrejo de calabaza.

Vive en hábitats tropicales como los manglares, dunas y bosques de tierras bajas cerca de las aguas costeras del Pacífico. Esta especie de cangrejo viaja a las aguas costeras para aparearse y donde la hembra coloca sus huevos. Sus branquias le permiten a este artrópodo entrar al agua.

Este cangrejo forrajero terrestre omnívoro durante toda la noche de la hojarasca, plántulas ya veces tejidos animales recogidos del suelo del bosque. Lleva comida a su madriguera antes de consumirla.

Esta criatura es principalmente nocturna, pero se le puede ver durante el día en el suelo, y esconderse rápidamente en su madriguera. Cada cangrejo cava su propia madriguera profundamente en el suelo del bosque que puede alcanzar los 1.50 metros (5 pies).

El canrejo naranja sin boca del océano juega un papel ecológico importante llevando hojas a sus madrigueras que contribuyen al ciclo de nutrientes. Al comer una variedad de semillas, determina el crecimiento futuro de nuevas plantas en esa área particular de la selva tropical.

OTROS ARTRÓPODOS

El cangrejo fantasma

(Ocypode Gaudicaudii)

El cangrejo fantasma debe su nombre a su capacidad de desaparecer de vista, ya que rápidamente se retira a su madriguera bajo las playas de arena de los trópicos y subtropicales.

Tiene ojos distintivos morado a negros en los largos tallos verticales que sobresalen por encima de su cuerpo. Estos pedúnculos extraterrestres permiten al cangreo obtener una vista de 360 grados.

El cangrejo fantasma es de color gris pálido a naranja rojo con puntos de arena en la parte superior del caparazón. Un cangrejo joven es gris-marrón moteado con pedúnculos grises integrados completamente en la arena.

Esta especie de cangrejo vive en las playas pasando su tiempo escarbando madrigueras después de que las altas aguas de marea regresen. Se pasan horas excavando su madriguera y alejando arena de la entrada. La madriguera es un largo túnel con una cámara al extremo. A veces, tiene una segunda entrada.

Es más activo durante la noche, pero se le puede ver durante el día. Antes del anochecer, va al océano para obtener oxígeno del agua almacenada en pequeños sacos. Durante la noche, esta criatura omnívora come algas y animales muertos que han sido arrastrados a la superficie por las olas del océano.

Glosario de términos

Alas frontales (n)	las dos alas delanteras de un insecto de cuatro alas.
Anfibio (n)	un animal capaz de vivir tanto en el agua como en la tierra.
Anfípodo crustáceo (n)	es un tipo de crustáceos malacostraca sin caparazón y generalmente con cuerpos comprimidos lateralmente.
Arácnidos (n)	un grupo de pequeños animales similares a los insectos, pero con cuatro pares de patas.
Arborea (adj)	el estilo de vida de un animal que vive en los árboles.
Artrópodo (n)	un animal invertebrado que tiene un esqueleto externo, un cuerpo segmentado y extremidades articuladas.
Bandada (n)	un grupo de pajaros
Camuflaje (n)	una condición en la que el aspecto de un animal cambia haciendo que el animal sea difícil o imposible de ver.
Caparazón (n)	un escudo o cáscara ósea que cubre parte o la totalidad de la parte dorsal de un animal.
Carnívoro (n)	un animal que come carne.
Cola prensil (n)	cola que se puede enroscar para sujetar una rama y que puede soportar parte del peso animal.
Colonias (n)	un grupo del mismo tipo de animales que viven juntos.
Crisálida (n)	la crisálida dura de una polilla o mariposa.
Destructor de semillas (n)	un animal que come semillas que no pueden regenerarse.
Dispersor de semillas (n)	un animal que mueve o transporta las semillas lejos de la planta madre.
Diurna (adj)	un animal que está activo durante el día.
Dorsal (adj)	de o sobre la superficie posterior o superior de un animal.
Embrague (n)	los huevos que se ponen en un solo nido por lo general por una sola hembra.
En peligro de extinción (adj)	de alto riesgo y amenazado por la extinción.
Endémica (adj)	perteneciente exclusivamente o confinado a un lugar determinado.
Especie (n)	un grupo de animales estrechamente relacionados que poseen características comunes y se interrelacionan libremente en la naturaleza y producen descendencia fértil.
Estuarios (n)	zona donde parte de la desembocadura de la corriente del río se encuentra con la marea del océano.
Exoesqueleto (n)	un recubrimiento externo rígido para el cuerpo en algunos animales invertebrados, especialmente artrópodos, proporcionando apoyo y protección.
Forraje (v)	para vagar o ir en busca de algo.
Hábitat (n)	un área ecológica o ambiental donde una especie particular de vida animal.
Herbívoro (n)	un animal que come materiales vegetales.
Humedales (n)	áreas de tierra donde el agua cubre el suelo o está cerca de la superficie del suelo todo el año como pantanos

Insecto (n)	un animal que tiene un exoesqueleto, un cuerpo de tres partes, tres pares de piernas articuladas, ojos compuestos y un par de antenas.
Insectívoro (n)	un animal que come insectos.
Invertebrado (n)	un animal que carece de una columna vertebral.
Larva (n)	la etapa inmadura de un animal antes de la metamorfosis
Madriguera (n)	un agujero o túnel cavado en el suelo por un animal pequeño
Mamífero (n)	un animal que da nacimiento vivo (no de huevos) y los alimenta con su propia leche.
Metamorfosis (n)	el proceso por el cual la criatura como un insecto o anfibio cambia su forma de un huevo a una oruga a un capullo a una polilla o mariposa; de un huevo a una ninfa a un adulto; o de un huevo a un renacuajo a una rana.
Monógamo (adj)	la relación entre una hembra que crean un vínculo de por vida y no tienen múltiples compañeros.
Ninfa (n)	una forma inmadura de un insecto.
Nocturno (adj)	activo por la noche.
No venenoso (adj)	una criatura que no posee una sustancia venenosa utilizada para protegerse contra los depredadores.
Omnívoro (n)	un animal que come una variedad de alimentos que pueden incluir plantas, animales, algas, hongos y bacterias.
Ovipositor (n)	un órgano tubular a través del cual una hembra insecto o pez deposita huevos.
Pájaro (n)	un animal vertebrado, emplumado, alado, bípedo, de sangre caliente, que pone huevos.
Papada (n)	un pliegue de la piel carnosa que cuelga abajo de la barbilla y del área de la garganta.
Plumaje (n)	las plumas de un pájaro.
Predador (n)	un animal que caza otros animales para comer.
Presa (n)	un animal que está siendo atacado por otro animal.
Probóscide (n)	un delgado órgano tubular en la cabeza de un invertebrado usado para succionar o perforar.
Reptil (n)	un animal cuya temperatura de la sangre cambia de acuerdo con la temperatura exterior y cuyos cuerpos están cubiertos por material duro como escamas o placas.
Selva tropical (n)	un bosque ubicado en una región caliente del mundo que recibe mucha lluvia.
Semi-acuática (adj)	capaz de vivir tanto en tierra como en el agua.
Solitario (adj)	viviendo solo sin otros.
Sumergido (adj)	cubierto con agua por completo.
Terrestre (adj)	viviendo en el suelo.
Territorial (adj)	un acto de un animal defendiendo un hábitat o una región contra otros animales de la misma especie.
Tomando el sol (v)	el comportamiento de descansar en el sol como una forma de elevar la temperatura corporal, comúnmente realizada por los animales de sangre fría.
Toxina (n)	una sustancia producida por un ser vivo que es venenosa para otras criaturas.
Translúcido (adj)	permitiendo que la luz pase a través, pero difundiéndolo de modo que el lado opuesto no sea claramente visible.
Vertebrado (n)	un animal que tiene una columna vertebral.
Vida silvestre (n)	especies animales no domesticadas que viven en la naturaleza.

Index

Acerca del fotografo y autor

El fotógrafo y autor independiente, Cyril Brass, con publicaciones sobre la vida silvestre, presenta una combinación entre texto informativo y fotografías únicas que detallan muchas características y comportamientos interesantes sobre las diversas especies que habitan la selva tropical y los riós de Centroamérica.

Cyril siempre ha estado interesado en animales salvajes en países lejanos. Una vez que se le dio por viajar, pudo aprender y fotografiar de primera mano, encontrándose con muchas especies de la vida silvestre de las que sólo había leído o visto en la televisión.

Durante muchos años, Cyril ha explorado la vida silvestre en todo el mundo; desde perezosos y tucanes en los bosques tropicales de Centroamérica hasta elefantes y leones en las sabanas de África Oriental.

Su colección de libros sobre la vida silvestre cubre detalles informativos e imágenes coloridas de muchos animales increíbles que viven en diferentes hábitats y regiones de todo el mundo para que los lectores de todas las edades lo puedan disfrutar.

www.ingramcontent.com/pod-product-compliance
Lightning Source LLC
Chambersburg PA
CBHW060822270326
41931CB00002B/50